CW01622229

OLYMPE DE GOUGES

NON

À LA DISCRIMINATION DES FEMMES

“Ceux qui ont dit non”
Une collection dirigée par Murielle Szac.

DERNIERS TITRES PARUS DANS LA MÊME COLLECTION :

Rosa Luxemburg : “Non aux frontières”
Anne Blanchard
Denis Diderot : “Non à l’ignorance”
Raphaël Jerusalmy
“Non à l’intolérance”
Collectif (nouvelles)

La liste des autres titres de la collection est disponible sur le site www.actes-sud-junior.fr et sur le blog de la collection www.ceuxquiontditnon.fr

Illustration de couverture : François Roca

Éditorial : Isabelle Péhourticq assistée de Fanny Gauvin
Directeur de création : Kamy Pakdel
Directeur artistique : Guillaume Berga
Maquette : Christelle Grossin

Loi 49-956 du 16 juillet 1949 sur les publications destinées à la jeunesse

www.actes-sud-junior.fr

ELSA SOLAL

OLYMPE **DE GOUGES**

NON

À LA **DISCRIMINATION** DES **FEMMES**

ACTES SUD JUNIOR

À Samuel,
Anne, Jacques, Arielle, Simon et Adrien.

1

L'enfance à Montauban

“Bâtarde ! Bâtarde !” Ces mots l'avaient marquée au fer rouge, ils continueraient à la hanter toute sa vie. C'était l'hiver, la neige recouvrait la ville tout entière. Le ciel opaque semblait irréel et le paysage était transfiguré par les milliers de flocons. Sous cette danse blanche, la ville rose n'en était que plus imposante, immuable. La cathédrale crevait l'étoffe du ciel qui dégorgeait sa couleur pâle. Il y avait, dans ce spectacle, un peu d'éternité.
Le vent froid soulevait la neige. Une vague blanche s'élevait, s'étirait, apparition fantomatique qui tourbillonnait puis s'évanouissait et retombait

sur le sol. Olympe se nommait encore Marie Gouze, elle venait d'avoir sept ans. Elle aimait écouter ses pas crisser et craquer – un bruit chaud, sourd, inimitable – et la neige se tasser sous ses semelles.

Elle se retourna et regarda ses empreintes courir et se jeter jusqu'à la porte de l'église. Le monde était blanc, quel silence... Elle, immobile, fixait la branche du grand sapin ployant sous le poids de la neige, l'empreinte des oiseaux, des corbeaux et les autres petites traces. Le ciel lui semblait un voile translucide. La neige était partout, jusqu'au sommet de la cathédrale. Sa petite voisine Anne n'était pas là et elle attendait avec impatience son retour pour reprendre leurs jeux favoris. C'était sa meilleure amie, elles passaient des heures toutes les deux à inventer des histoires qu'elles jouaient ensuite ensemble en se déguisant.

Olympe entendait sa propre respiration et jouait avec la buée de son souffle. Soudain, elle sentit une boule de neige lui frapper violemment la joue ; une seconde explosa sur son visage ; une autre s'écrasa dans son cou et la glaça. Une autre éclata, brûlante, sur sa tempe. Une horde d'enfants la lapidait en hurlant :

– Bâtarde, sale bâtarde !

Elle voulut courir, fuir, mais elle glissa et s'étala à terre de tout son long. L'un des enfants se jeta sur elle :

– Mange, dit-il en lui enfournant une poignée de neige dans la bouche. Voilà ce qui arrive aux bâtardes filles de p...

La mère d'Olympe apparut dans le tourbillon blanc. Elle arrêta net le bras du garnement, l'empoigna et lui balança une torgnole à lui décrocher la tête. Olympe n'avait jamais vu sa mère dans une telle fureur. Elle se lova contre elle en tremblant. Elle entendit un hennissement. Une voix d'homme l'arracha à l'étreinte de sa mère :

– Montez avec moi, je vous raccompagne.

Elle leva la tête et vit un seigneur, richement vêtu, juché sur un cheval alezan à la robe cuivrée.
Sa mère lui souffla :
– C'est le marquis de Pompignan.
Il les ramena jusqu'à la porte de leur maison comme si c'était tout naturel. Elle comprendrait plus tard ce qui leur avait valu ce traitement de faveur. Une fois à l'intérieur, elle tira le rideau et regarda sa mère en grande conversation avec le marquis. Elle était intriguée par la forte complicité qui les liait tous deux. Elle fixait cette scène étrange à travers la buée de son souffle sur la vitre et en même temps elle sentait résonner dans sa tête l'insulte des enfants : "Bâtarde, bâtarde."
Elle se sentait à jamais illégitime. Une rage encore muette grondait en elle et montait comme une tempête à venir.

2

Le Paris d'Olympe

Des années plus tard, en 1770, Marie Gouze, devenue Olympe de Gouges, arrivait à Paris en pleine effervescence révolutionnaire et se lançait dans la carrière littéraire. Elle découvrait la société de ce siècle et s'entoura très vite d'intellectuels, de journalistes, de philosophes. Autodidacte, elle luttait à travers ses pièces de théâtre pour les droits des déshérités et pour l'égalité des hommes et des femmes. Ce matin-là, elle s'installa à sa petite table pour raconter ses aventures à son amie d'enfance :

"Chère Anne,

Je suis enfin arrivée à Paris avec Jacques et mon

petit garçon... Nous sommes fous de joie. Tu me manques. Viens vite nous rejoindre. Paris est un animal fascinant ! Ah ! J'oubliais... Désormais tu m'appelleras Olympe de Gouges, mon nom d'auteur !

Je suis comme toute femme, privée de tout droit. Seuls les avantages de la « nature » sont éligibles. Mais je veux bien autre chose que faire carrière galante ou être conseillère secrète ou maîtresse de quelque maringouin. Les salons sont à la mode et ne rassemblent pas seulement des précieuses ridicules. On y discute de politique, de littérature, de philosophie et d'histoire, on y lit les feuilles du jour ; les points de vue s'affrontent, la science et la poésie se retrouvent. Il règne une véritable fièvre de connaître, une soif de savoir. J'ai fait des rencontres incroyables : Daubenton au Jardin des plantes ; j'ai parlé avec M. Diderot et à d'Alembert ; j'ai croisé un certain Bougainville qui partait explorer les mers lointaines, écouté des francs-maçons qui

défendaient la laïcité, une nouvelle idée de justice. On recherche ma compagnie. J'ai pris position contre l'esclavage et écrit une pièce qui va faire un de ces scandales ! J'y défends les Noirs des colonies ! Heureusement, Mme de Montesson est intervenue en ma faveur : enfin, ma pièce va être jouée à la Comédie-Française ! Je te serre contre mon cœur, ma douce amie, et t'attends à Paris !
Ton Olympe."

3

Le fantôme

Olympe entra dans l'hôpital, le cœur serré. Elle longea des rangées de lits dans des salles qui se prolongeaient à l'infini. Parfois, plusieurs malades partageaient un même matelas infecté de maladie et d'excréments. À même le sol gisaient quelques malheureux, qui gémissaient sur son passage. Soudain, elle l'aperçut dans une autre rangée ; elle, la montagne, le volcan, elle si forte, si belle : sa mère était devenue un petit oiseau fragile au fond de son lit. Elle retenait ses larmes, lui sourit.

Lorsque Olympe avait demandé à son père de l'aider en pensant qu'il serait bon avec elle, il lui

avait écrit cette lettre qu'elle relisait encore en ce triste jour :
“Votre lettre, Madame, a réveillé mes douleurs et inquiétudes sur le passé. Les années, mes infirmités et la religion m'ont forcé d'éloigner de mes yeux les objets qui me rappellent les erreurs d'une trop coupable jeunesse. Trop malheureusement pour moi, vous ne m'êtes pas étrangère. La nature parle en vous et vous assure que je suis votre père. Imitez-moi, et gémissez sur le sort de ceux qui vous ont donné l'être. Dieu ne vous abandonnera point, si vous le priez sincèrement.”
Ni elle ni sa mère n'avaient jamais vu la pension et l'aide qu'il avait promises.

La mère d'Olympe et le marquis Jean-Jacques de Pompignan s'étaient aimés, passionnément. Ils avaient été séparés par leurs deux familles, puis ils s'étaient retrouvés malgré le mariage de sa mère avec Pierre Gouze. La passion avait repris son cours, au risque du scandale d'un adultère dans cette petite ville protestante de Montauban. Les familles mirent un terme définitif à cette histoire qui faisait jaser les commères, lorsque le marquis décida de prendre avec lui sa fille naturelle pour faire son éducation. Sa famille envoya alors le marquis à Paris. Et la mère d'Olympe, elle, fut priée de se faire oublier. Ce qu'elle fit tant et si bien qu'elle finit sa vie seule, malade, sans un sou, dans une de ces immenses salles d'hôpital qui vous donnent la nausée du genre humain, entourée de vieillards incontinents et de femmes agonisantes. La misère la plus noire.

On recouvrit le visage de la mère d'Olympe d'un drap. Elle venait de mourir. Olympe tenait dans ses doigts tremblants la lettre du marquis de Pompignan. Elle était orpheline. Pour la première fois, elle sentait la morsure de cet étrange froid de l'âme qu'est la solitude.

Sa mère était morte dans ses bras. Dans ce sinistre lieu, elle était morte sans rien demander, sans une exigence. Olympe sortit, s'assit sur les marches de l'hôpital. Elle savait qu'elle ne serait plus jamais la même. Elle ne pourrait plus vivre avec ces images de femmes mourant dans la puanteur, ces visages d'enfants abandonnés, errant en guenilles dans les rues, elle ne pourrait plus supporter de savoir que les maternités étaient si sales qu'une mère sur quatre y mourait en donnant la vie. Une colère inouïe lui nouait le ventre. Elle décida de rentrer et de se mettre à travailler sur une réforme des hôpitaux. En chemin, elle tomba sur des pierres, laissées là et devenues inutiles, restes d'une ancienne barricade. Elle eut alors une idée :
"Et si l'on utilisait toutes ces pierres pour construire une maison de maternité pour les femmes ?"
Elle froissa le billet de son père, le jeta. Cette nuit-là, Olympe ne chôma pas. Son chagrin et

sa révolte guidaient sa plume : elle inventa les maternités, et rien de moins que l'impôt sur la fortune pour financer son projet de réforme sociale. Elle eut encore en tête un prochain texte, un curieux projet qui dormait en elle depuis longtemps : la *Déclaration des droits de la femme*. Après avoir écrit toute la nuit, elle s'endormit à l'aube, épuisée.

Une maison de maternité et un impôt sur la richesse pour payer tout ça, mais comment n'y avait-elle pas pensé plus tôt ?

4

Les combats

Malgré les tristes chemins empruntés par la Révolution qui s'avançait doucement vers les futures années de Terreur, Olympe gardait encore sa joie d'enfant intacte. Elle revenait du Salon de l'année 1791, où elle avait pu admirer l'esquisse du *Serment du Jeu de paume* de David, ainsi que les œuvres de Mme Vigée-Lebrun et une série de portraits des membres de l'Assemblée nationale faits par une femme, Mme Labille-Guyard !

Olympe adorait les rendez-vous réguliers qu'elle avait avec Condorcet et d'autres amis, rue de l'Arbalète. Condorcet était l'un des rares penseurs qui n'oubliaient pas les femmes dans la Révolution. Ensemble, ils voulaient alors le droit de cité pour celles-ci mais aussi l'abolition de l'esclavage. Ils avaient fondé la Société des amis des Noirs.

Ce soir-là, il y avait Louis-Sébastien Mercier avec ses amis poètes Parny, Bertin et Michel de Cubières, ainsi que Mme Geoffroi qui était de tous les débats et avait le bras long.

– Quand j'ai découvert le programme d'éducation que proposait Jean-Jacques Rousseau, dit Mme Geoffroi, un verre de Saint-Nicolas-de-Bourgueil à la main, j'ai compris comment on peut décider un matin d'aller égorger quelqu'un dans son bain pour une idée ! Je cite : "Les filles doivent être gênées de bonne heure. Ne souffrez pas un seul instant qu'elles ne connaissent plus de frein. Accoutumez-les à se voir interrompre au milieu de leurs jeux, et à être ramenées à d'autres..." Il l'a écrit !

– Je partage votre indignation : au lieu d'assassiner ou d'égorger quelqu'un, n'ayant toujours pas le droit de prendre la parole, j'ai écrit ma pièce contre l'esclavage, répondit Olympe, amusée, et je prépare ma *Déclaration des droits de la femme.*

– Une *Déclaration des droits de la femme* ! dit Mme Geoffroi. Notre Olympe est une vraie justicière !

– La nature m'a faite révoltée, mais j'ai horreur de la vue du sang, y compris celui, vital, qui coule dans mes veines. La Révolution n'a pas besoin de sang !

On savoura la répartie. On apporta le dessert : du raisin, des fruits confits, des beignets, de la confiture de coing, et la conversation reprit.

Louis-Sébastien Mercier regardait Olympe en silence. Sa jeunesse, la belle ligne ovale de son visage, l'écrin noir de sa chevelure, la lumière de ses yeux en amande : l'écrivain était fasciné par cette grâce étrange ; chacun de ses mouvements lui faisait tourner la tête. Scandaleuse, républicaine, belle, légère en tout et surtout indépendante, une pensée libre et solitaire qui se passait des clubs et de l'assentiment général. Mme Geoffroi se servit de dessert et, tout en se collant les dents avec de la confiture de coing, elle expliqua à Olympe pourquoi on avait tant tardé à jouer sa pièce :

– Comment pouvez-vous donc ignorer que bon nombre de loges du théâtre sont louées par de grands propriétaires des colonies qui font le commerce des nègres, et qui se sont considérablement enrichis avec ce trafic ? Votre ingénuité vous a coûté cher !

– Une lettre de cachet, grogna Olympe, qui m'a menée droit à la Bastille, où je fus jetée dans un cachot lugubre !

– La Bastille, dit Condorcet, la prison d'où l'on ne sort jamais...

– Eh bien moi, j'en suis sortie ! Et puis la mort n'achève pas tout ! reprit Olympe en levant son verre. Il paraît que certaines têtes conservent la conscience après avoir été guillotinées...

– Savez-vous comment ce brave Guillotin a présenté son projet de loi sur la guillotine à l'Assemblée ? demanda Condorcet : "La mort en un clin d'œil : c'est un progrès pour l'humanité de passer des supplices corporels en place publique à la guillotine, la mécanique tombe comme la foudre, la tête vole, le sang jaillit, en un clin d'œil l'homme n'est plus."
– Quel style ! se moqua Olympe. Quand je pense que Robespierre, en ce temps-là, avait même proposé l'abolition de la peine de mort ! Comme il a changé... Comment peut-on changer à ce point-là ? Ils ont trahi les principes de 1789 en excluant les femmes. Je vais provoquer Robespierre en duel, s'écria-t-elle, ce sera une façon de libérer le pays de ce fléau et de ses amis !
– Vous allez trop loin, prenez garde, Olympe. On ne défie pas impunément le premier homme du pays, lui conseilla Condorcet.
– Il est devenu trop dangereux, dit Olympe. Les hommes croient désormais qu'ils accouchent

de l'humanité et de la Révolution comme les femmes de leur enfant, mais surtout qu'ils s'engendrent tout seuls les uns les autres. Ils veulent nous contrôler.

– Vous avez raison, ma chère Olympe, ni les dieux ni les hommes n'accouchent de l'humanité. Mais restez prudente, poursuivit Condorcet. Vous oubliez que, très vite après la Révolution de 1789, les hommes ont éprouvé la nécessité impérieuse de rompre avec le passé et de créer une autre Histoire. Athènes, Rome – seules filiations que la Révolution reconnaisse – ont leurs mythes, nous aurons les nôtres, se sont dit ces messieurs !

– Robespierre, l'Incorruptible, en est un, de mythe, et un beau. C'est toujours une mauvaise chose qu'un État s'incarne dans un seul individu, qu'il soit roi, saint ou fanatique qui croit faire le sacrifice de sa vie à la vérité, ajouta Olympe.

– Sous l'habit de la vertu se cache l'orgueil d'un dictateur qui doit beaucoup à Rousseau, conclut

Mme Geoffroi qui vit là l'occasion de repartir sur son sujet de conversation préféré.

Sur quoi, ils se levèrent tous de table.

5

L'adversaire Robespierre

Et c'est vrai qu'en trois ans, à peine, depuis qu'il remplit sa charge d'avocat, Robespierre a gagné l'opinion publique des faubourgs, de Paris, de la France. Passé de la Convention le 21 septembre 1792 au Comité de salut public en juillet 1793, c'est en affichant les vertus les plus austères qu'il a conquis ce peuple si capricieux ; l'Incorruptible est le prophète qui guide vers l'avenir. Lui, l'ascète besogneux qui fuit le vice et se méfie de l'amour comme de tout ce qui vient des passions, soulève une vague d'adoration maladive qui chavire tous les esprits. Cet orateur sévère, cet instituteur intransigeant, au débit lent, aux phrases interminables, déclenche des trépignements fanatiques à faire crouler la salle à chaque fois qu'il lit son manuscrit scrupuleusement préparé pendant des nuits entières. Elle, Olympe, toute dans la démesure de l'appel à la vie, de l'accomplissement du travail par amour ; lui, tout d'un bloc dans le culte de l'idée. Deux France, en somme, qui s'opposent et se déchirent.

Olympe et lui avaient un point commun cependant : à cinq ans, il quittait la maison paternelle d'Arras, presque orphelin, puisque sa mère mourait en couches et que son père disparaissait. La comparaison s'arrête à cette disparition paternelle précoce. Robespierre se vit confié à son grand-père. Il étudia au lycée Louis-le-Grand. C'était un premier de la classe, assis au premier rang. Il garderait cette place durant toute sa vie. Olympe était une fille et les filles n'étudiaient pas, sauf dans certains cas rares, par une ouverture que donnait l'aristocratie.

Là où Robespierre avait reçu de son type d'études une armature solide et méthodique commune à beaucoup de grands esprits français de l'époque, Olympe, elle, avait poussé comme de la mauvaise herbe ; elle se forgeait – avec l'ivresse de l'interdit – une culture aussi désordonnée qu'hétéroclite, aussi riche et variée que profonde. Robespierre possédait un discours, elle avait une voix. Il avait la foi ; elle, l'ardeur. Robespierre était resté un pensionnaire, né vieux, triste et rigoureux ; Olympe, elle, n'avait jamais quitté ses chemins broussailleux de traverse, de thym et de bruyère, d'école buissonnière ; elle jouissait de tout. Paris avait véritablement ouvert les portes de la liberté pour elle, la scandaleuse, autant que pour le jeune orphelin du Nord. L'esprit d'Olympe formait un joyeux tumulte qui vous enivrait, inclassable, enchanté et libre, sans forme propre, mais ne ressemblant à aucun autre exemplaire, un original, d'une pertinence acerbe.

Cet apprentissage autodidacte, par défaut, et cette formation toute féminine avaient quelque chose d'une invasion barbare au cœur d'une tradition intellectuelle classique.

À vingt-trois ans, Robespierre était avocat ; à vingt-trois ans, Olympe avait déjà été mariée cinq ans, mère, puis veuve, et amoureuse ; depuis trois ans, elle s'était jetée tout entière dans les lettres et cultivait ses pièces de théâtre et propositions de réformes avec une facilité et une légèreté spirituelle déconcertantes. Certes, ce n'était pas la clarté qui faisait son talent, elle le savait, mais la violence de sa révolte et sa volonté d'inventer un monde lui donnaient du génie.

6

L'amour

"Je vous guiderai dans Paris", lui avait dit Louis-Sébastien Mercier lors de leur première rencontre. Lorsque cet écrivain déjà célèbre avait posé son regard sur elle, c'était toute sa vie qu'il avait déposée d'un coup dans le creux de la main de la jeune femme, tout de suite. Et elle l'avait prise sans hésiter, sans poser la moindre question. Un amour qu'elle acceptait en échange de ces si rares et si précieux instants de paix.

Olympe, depuis sa fenêtre rue de l'Odéon, regardait le soleil se lever. Elle ne supportait pas les nouvelles manies de son temps : signer systématiquement “citoyen Untel”, se tutoyer en toutes circonstances, comme si cette façade de familiarité suffisait à gommer les désaccords et créer un monde de partage entre les hommes. S’habiller tous de la même façon, respecter l’uniforme, tout cela l’irritait ; l’uniforme d’une mode, d’une langue, d’un calendrier, pensait Olympe avec ironie.

Louis-Sébastien Mercier était tombé fou amoureux de la seule femme auteur dramatique ayant une pièce en attente à la Comédie-Française. Ce qu’il ressentait pour Olympe était plus fort que tout : tous ses voyages, ses rencontres, ses pays, ses livres. Oui, rien n’était comparable à ce qui était en train de naître en lui, et la simple idée de cette femme le bouleversait, tout simplement. Rien de l’émoi amoureux habituel, de la passion, de l’aventure à venir. C’était encore autre chose, d’une puissance jamais éprouvée jusqu’alors, mais qu’il devinait surtout intarissable.

Après leur première rencontre dans ce salon, son image le hantait, si bien qu'il ne l'avait plus lâchée d'une semelle. Il la guettait dans tout Paris et, de son côté, elle devait bien l'avouer, la première chose qu'elle faisait aussi en entrant dans un lieu public était de chercher son visage à lui parmi les autres. Il ne lui avait pas fallu longtemps pour qu'il la retrouve ; le nom d'Olympe était connu, le *Dictionnaire des Grands Hommes et des Grandes Choses de la Révolution* lui consacrait un article très critique.

Louis-Sébastien Mercier, une semaine après leur première rencontre, se laissait guider par Olympe à la lueur d'une bougie dans son petit appartement de la rue de l'Odéon. Il la suivait, les doigts fins, la brisure du poignet, la nuque baignée de clarté ; la longue silhouette se détachait de l'obscurité dans un halo de lumière chaude qui éclaboussait, sur le mur de droite, la tapisserie d'une dame à la licorne. Elle vérifia discrètement que son fils dormait dans sa chambre avant de rejoindre son hôte.

– Des siècles entiers sont passés dans ma vie, des siècles d'histoire que je porte sur mes épaules. J'ai presque mille ans, lui dit-elle.

Par pudeur, elle posa la bougie le plus loin possible d'eux, pour qu'il ne puisse pas lire le désir sur son visage. En entrant elle constata, troublée, qu'elle avait oublié que la pièce était pleine de papiers, de lettres, de ses projets de réformes et ses textes en cours. Tous ces cahiers recouvraient le tapis et envahissaient la pièce entière ! Et pendant qu'elle parlait, il cherchait du regard un endroit sans papier où il pourrait s'asseoir :

– Je voudrais vous délester de ces siècles, et défaire avec vous l'Histoire, dit-il en lui ôtant son chapeau des mains et en l'attirant vers lui.

– Attention ! Vous marchez sur mon prélèvement obligatoire sur la fortune, un impôt que je propose pour financer toutes mes réformes sociales.

– Puis-je ? demanda-t-il en ramassant quelques feuilles, qu'il lut à voix haute : Projet de loi sur le divorce, eh bien, ça commence bien pour nous !

Dans la seconde qui suivit, ils étaient nus, entièrement, avec excès et joie mêlés. Une joie qui ne s'arrêterait pas désormais, une envie irrésistible, une morsure invisible de bonheur, une présence qu'elle appelait à chaque instant, qu'il cherchait à chaque seconde – qui lui manquait.

– Je veux t'épouser, dit-il à la lueur d'une bougie.

– Le mariage est le tombeau de l'amour, répondit-elle.

Et ils ne se marièrent pas et vécurent heureux.

7

La fessée publique

Des années s'écoulèrent, des printemps de bonheur, des soirées d'automne passées devant la cheminée, entre essais, pamphlets, articles et pièces. Olympe s'était fortement insurgée contre la Terreur, maintes fois mais en vain. Heureusement, l'arrivée du printemps lui redonnait vie et lui rappelait le spectacle des premiers bourgeons qui éclataient à Montauban.

Ce jour-là, elle rentrait tranquillement rue de l'Odéon avec Mercier qui revenait de l'un de ses nombreux voyages. Lorsqu'ils arrivèrent devant la maison d'Olympe, une foule était attroupée. Des hommes étaient venus pour lui donner une

correction publique : ils neutralisèrent Mercier et s'emparèrent d'elle. L'un d'eux lui bloqua la tête sous le bras et, la maintenant ainsi, il hurla à tue-tête :
– Qui veut la tête d'Olympe de Gouges ? Combien ?
C'est alors qu'Olympe, à moitié étouffée sous le bras de l'homme, parvint à crier :
– Mon ami, je mets une pièce de trente sous et je demande la préférence.
L'assistance se mit à rire, applaudit, et les hommes furent alors obligés de la lâcher, laissant la foule se disperser. Son humour l'avait sauvée.
Une fois à l'abri dans son appartement, Louis-Sébastien Mercier ferma les fenêtres. Olympe était pâle. Il lui tendit un verre d'eau.
– Asseyez-vous. Vous tremblez.
Lui aussi tentait de déjouer la peur. Elle était furieuse et encore terrorisée :
– Meute assoiffée de sang et d'humiliation, sauvages, charognards. Une bande de mercenaires prêts à tout ! Une correction publique ! C'est de

cette façon qu'on a poussé Théroigne de Méricourt à la folie.

– Vous êtes d'une plus robuste trempe ! essaya Mercier.

– Ne me flattez pas, mon ami, j'ai déjà ce malheureux travers toute seule alors... Je suis née avec un caractère emporté et un cœur trop sensible. Les deux m'ont été bien nuisibles. Mais je suis au-dessus du ridicule car je connais trop bien mes défauts.

C'était en partie vrai.

– Une fessée publique, reprit-elle, indignée, la belle invention ! La Révolution n'a rien changé et l'égalité des droits reste une utopie.

– Olympe, je vous supplie d'arrêter votre activité frénétique. J'ai peur pour votre vie. Je vous demande d'arrêter ces lettres ouvertes publiques, continua Mercier. Elles vous accusent et vous mettent en danger.

Il était véritablement inquiet :

– Olympe ! Partez avant que tout ça ne finisse mal.

– Allons, lui dit-elle, soyez tout à fait rassuré. Elle tendit alors l'acte de propriété qu'elle venait de signer. La maison dont elle rêvait se trouvait en Touraine. Elle se retirait enfin pour profiter du calme et de la nature.

– À la bonne heure ! s'écria Mercier, soulagé.

– Et vous m'accompagnez à Tours, dans ma maison...

– Marché conclu.

– Juste après avoir mis le mot fin à mes *Trois Urnes*.

– Vos trois quoi ?! Qu'est-ce que vous avez encore inventé ?!

– Un référendum, lâcha-t-elle enfin avec fierté.

– Je vous en conjure, renoncez à ce projet.

Mercier était au bord du désespoir :

– Pensez à votre fils, à vos amis, à moi.

– Je ne fais que ça, mais nous nous voyons si peu, répondit-elle songeuse.

– Ingrate ! se défendit Mercier. Je vous ai écrit une lettre par jour ou presqu'e, depuis trois mois et toutes ces années ! Je vais vous donner une preuve de notre existence, dit Mercier. Dois-je vous envoyer une missive pour un baiser ?

Il l'embrassa avec ardeur. Elle s'éloigna machinalement, mais il la rattrapa.

– Mais avant de déménager, dit-il en la prenant dans ses bras, Olympe, jurez-moi que vous ne rendrez pas publique cette lettre des *Trois Urnes*. Promettez-moi que vous ferez vos bagages sur-le-champ.

Mercier l'implorait à genoux :

– Pitié ! Pitié ! Pitié ! Arrêtez tout ! Oubliez la Révolution.

– La Révolution n'a rien fait.

– Eh bien, justement, abandonnez cette ingrate, répondit Mercier. On vous dit royaliste.

– Je sais tout cela, s'agaça-t-elle. On m'a dit fille du roi, extrémiste, folle démocrate, les prudes me donnent des amants, les jaloux de l'âge, les sages de l'hystérie et les fous me trouvent assagie.

– Vous avez raison, reprit-il avec douceur. L'assemblée avilit les tyrans et les conserve. Oui. Mais cessez d'inonder la place publique de vos lettres ou vous n'aurez bientôt plus de tête. Que cherchez-vous donc ? La mort ? Vous y allez tout droit. Mais ce n'est pas pour l'une de vos pièces, cette fois. Olympe se taisait, le regard perdu. Mercier poursuivit :

– As-tu perdu toute clairvoyance à force de combattre ces fous ? La peur a remplacé ton enthousiasme, tu n'attaques plus : tu te défends comme une bête aveuglée par la rage. Et te défendre ne suffit plus. Tu n'es plus en mesure de porter tes idées, tu ne portes plus que des coups.

Elle sentait son âme, étroite, une vraie peau de chagrin. Tiendrait-il seulement trois jours en place, s'il allait dans la maison à Tours ? Et elle ? Ne pouvaient-ils se contenter de vivre, tout simplement ?

– Tiens ta promesse et je m'occupe de la mienne, dit gaiement Mercier, quand partons-nous ?

– Le temps de boucler les bagages : demain si tu veux.

– Demain ! Je brûle ! Dis-moi que tu m'aimes.

– Je t'aime, répéta Olympe. Peut-être seras-tu moins heureux au bout de quelques jours.

– Toi, tu seras peut-être déçue ?

– Jurons-nous de nous aimer toujours.

– En dépit de toutes les fautes d'orthographe que tu auras faites sur mon compte.

– Je le jure comme une idiote.

Il l'entraîna hors de sa chaise, elle tomba. Ils se battaient comme deux enfants.

– Aïe ! hurla-t-il.

Elle l'avait mordu à l'avant-bras. Une seconde de trêve dans le combat.

– Ça va. Je me rends !

– Non, c'est moi, dit enfin Olympe.

Ils riaient, s'enroulaient, s'embrassaient. Et leurs rires avaient ce pouvoir d'écarter le poids de la menace qui planait.

8

Les prisons d'Olympe

Ses valises étaient prêtes et elle se réjouissait du grand départ ! Enfin, elle aurait droit elle aussi à un peu de paix. Louis-Sébastien Mercier devait la rejoindre le lendemain dans sa maison en Touraine. Elle était si contente et tellement excitée par le voyage à venir qu'elle ne tenait pas en place.
Elle n'eut pas le temps de mettre son projet à exécution. Le 20 juillet 1793, alors qu'elle traversait le pont Saint-Michel, Olympe, dénoncée par son éditeur, fut arrêtée.

Les dernières lueurs de l'été disparaissaient. La lumière éclairait faiblement les murs de pierre de la prison. La place de la Révolution était déserte. La lame de la guillotine était vérifiée très soigneusement. Le coutelas qui se précipite à travers le portique glisse sur quatorze mètres de hauteur. Au signal donné, la hache, dont la pesanteur est centuplée par les poids placés sous l'échafaud, tombe d'elle-même et détache la tête du tronc avec la rapidité de l'éclair. La mort en un clin d'œil. La même pour tous.

Olympe avait entendu beaucoup d'anecdotes dans les couloirs de la Conciergerie mais ce qui résonnait encore, c'était la voix de cet homme : "Qui veut la tête d'Olympe de Gouges ?" Les pâles lueurs du jour envahissaient maintenant la cellule.

Tout était allé très vite : l'arrestation, le procès des girondins, le transfert, l'isolement.

Affaiblie, blême, elle s'était mise à écrire avec peine :

"Tu avais raison, mon ami... Mais j'ai bon espoir d'être libérée vite et j'attends ma libération.

Ma demande de grâce est sortie de prison et se trouve, à l'heure où je t'écris, en de bonnes mains. En attendant, je saurai bien survivre à ce cachot, c'est un palais à côté de la Bastille en 1786. Mon délit est le même : je suis femme et dois me taire. Ma pièce *L'Esclavage des Noirs* fut le premier coup de massue qui frappa la tyrannie et mon dernier ouvrage, *Les Trois Urnes ou le Salut de la patrie*, l'achève. Je suis presque hors d'état d'écrire. Excuse-moi, de l'indulgence pour mes fautes d'orthographe et de style ! Je suis une ignorante, on ne m'a rien appris, j'écris avec mon âme. Je ne possède pas le calme du crime. J'ai survécu à toutes les prisons depuis mon arrestation en juillet, à la canicule dans la prison de Saint-Germain-des-Prés, à l'angoisse, lorsqu'à chaque coup du tocsin, je craignais que les massacres de septembre 92 ne recommencent. Sur les murs, je voyais les traces de sang des victimes. Interrogée deux fois en onze jours, mes réclamations sont restées sans écho.

L'administration est désespérante. Mais heureusement, je garde l'espoir de ma grâce prochaine. Mon affiche décrivant mes conditions de détention, diffusée dans tout Paris, puis le 17 août dans *Le Thermomètre* du jour, a eu plus d'impact, puisqu'on m'a transférée de l'abbaye à l'infirmerie de la Petite Force et j'ai reçu les soins qui m'étaient nécessaires."

Le geôlier lui servit son repas. Mais comment se nourrir… sans remâcher les pensées vaines ? Tant d'impuissance dans chaque souvenir ; le repas servi était sans goût. Si peu d'air entre ces murs étroits ! Olympe repoussa son plateau et les restes de son repas.

Comment ai-je pu croire une seconde qu'une Révolution qui exclut la moitié de l'humanité allait éclairer le monde ? Quel héritage ? Quelles ombres notre siècle éclairé projettera-t-il sur l'avenir ? Comme je suis déçue, se disait-elle.

9

La demande de grâce

“De l’audace, disait sans cesse Danton, de l’audace…” Et Olympe en avait, de l’audace… Elle pensait tout en jouant avec la flamme de sa bougie, comme si elle se réchauffait devant un feu. Elle regarda la triste pièce autour d’elle. Elle avait donné ses dernières économies pour être seule dans cette cellule, pouvoir manger et être traitée correctement. Malheureusement, le privilège qu’elle avait payé si cher s’arrêtait ce matin d’automne du 2 novembre 1793, jour de son interrogatoire avant le procès au Tribunal révolutionnaire avec le terrible Fouquier-Tinville.

Robespierre, lui, ne s'était pas couché cette nuit-là, il s'était assoupi sur sa table après une nuit de travail.

Il enfila son costume couleur de cendre, sortit des manchettes de fine dentelle, une cravate et une chemise d'une rare blancheur, se posa devant le miroir. Il vérifia la perruque, remit en ordre une toute petite mèche rebelle qui dépassait, fixa un instant la lettre de grâce interceptée qui se trouvait encore sur la coiffeuse et la mit dans sa poche. Après cela il s'assura que le reflet renvoyé par le miroir tacheté correspondait bien à l'image qu'il se faisait de l'Incorruptible. Pas de faille, pas de faute, pas de doute, austère, droit et inflexible comme la justice, il était blême et bien malade depuis quelques semaines déjà. Mais, sans pitié pour lui-même, il ne prit pas le temps de manger ou d'avaler un thé, impatient du rendez-vous qu'il avait provoqué avec l'accusateur public. Ils devaient s'accorder sur le danger que représentaient les sarcasmes ironiques de cette femme, Olympe de Gouges, depuis le fond de son cachot.

10

Le procès

Il faisait froid et humide dans cette salle commune de la prison où elle avait été amenée pour attendre son procès. Dehors l'orage continuait. Olympe, le regard fixe, dans le vide, restait immobile. La pluie tombait à verse.

La voix d'homme répéta :

– Citoyenne Olympe Gouges, le Tribunal t'attend !

Elle suivit l'homme. Une longue table séparait la salle en deux camps. Sur le mur en face, trônait la *Déclaration des droits de l'homme,* et les bustes de Marat et de Brutus étaient disposés à droite et à gauche de la salle.

Elle pénétra dans la salle du Tribunal révolutionnaire. La clarté de la pièce l'éblouit d'un coup, lui fit mal. D'un regard rapide, elle balaya l'assemblée. Seule l'expression satisfaite de Fouquier-Tinville lui était familière. L'interrogatoire avait duré de longues heures. Elle avait eu le temps de mesurer la charge de violence dans son jeune regard noir. Il était nommé depuis quelques mois. Accusateur redouté au Tribunal révolutionnaire, il ne lâchait jamais sa prise.

L'accusateur Fouquier-Tinville prit la parole le premier :

– Accusée, lève-toi.

– Je m'étonne de ne pas voir mon défenseur, répondit Olympe immédiatement.

– Personne ne veut se charger de ta cause.

– Dans ce cas, la loi me permet de choisir un avocat par défaut ! s'indigna-t-elle.

– Tu as suffisamment d'esprit pour te défendre seule.

Et Fouquier-Tinville ouvrit le feu :

– Marie Gouze, née d'Anne-Olympe Gouze et de Pierre Gouze le 7 mai 1748 à Montauban, d'un père boucher, et d'une mère...

Olympe répondit avec force et calme. Les questions s'enchaînaient rapidement, comme des flèches.

– Après ton entrée dans les salons dont tu fais mention, as-tu été à l'origine des clubs de femmes ?

– Assurément. Vous pouvez dire que j'en ai été l'une des principales inspiratrices. Mes pièces ont fait entendre que...

Il la coupa :

– Pourquoi cette création de sociétés populaires de ton sexe ?

En guise de réponse, elle se mit à interroger Fouquier-Tinville sur le même ton que lui :

– Mettez-vous en question le fait que les femmes constituent une partie de l'humanité ?

– Certes non, comment pourrais-je le faire ? répondit Fouquier, désarçonné par l'aplomb d'Olympe.

– La Révolution ne s'appliquerait donc pas aux femmes ? poursuivit-elle comme s'il était maintenant l'accusé.
– Mais... mais, bégaya-t-il, en cherchant sa réponse, nous le savons, chaque sexe aspire à une activité correspondant à sa nature et les femmes disposent d'autres moyens de servir la patrie.
– Alors quelles conclusions tirez-vous de cette famille républicaine que vous nous présentez ?
– Nous croyons qu'il n'est pas possible que les femmes exercent des droits politiques, lâcha-t-il froidement avec une assurance retrouvée.
– Si vous ne mettez pas en question le fait que les femmes constituent une partie de l'humanité, pouvez-vous les priver de ce droit commun à tous les êtres pensants ?
– La Convention le peut ! lança-t-il en s'adressant aux jurés.
– Que voulez-vous dire ? demanda Olympe avec inquiétude.

– Que les sociétés et réunions de femmes dont tu as été l'une des inspiratrices ont été interdites, il y a trois jours. Tu l'ignorais ?

– Je ne vois pas sur quel principe on pourrait s'appuyer pour priver les femmes du droit de se réunir pacifiquement.

– Le motif en est simple, dit Fouquier-Tinville. La Convention a établi que ces sociétés de femmes sont dangereuses, et l'expérience a montré qu'elles portent préjudice à la paix publique. Nous relevons donc que tu as été à l'origine de ces clubs.

– Aucune Révolution ne se fera sans la prise en compte de la moitié de l'humanité, se défendit Olympe en regardant la salle qui réagit vivement.

– Faites taire la salle ! hurla le président du Tribunal qui frappa de toutes ses forces sur sa table pour arrêter le brouhaha qui se généralisait et prenait tout le public comme un feu se propage avec le vent.

L'accusateur public fut obligé d'aller droit à son chef d'accusation pour calmer les ardeurs que la voix d'Olympe avait su réveiller une fois de plus.
– À quelle époque as-tu écrit *Les Trois Urnes* ?
– Courant mai.
Fouquier-Tinville haussa le ton, s'approcha des jurés et les regarda un à un comme si la menace planait autant sur leur vie que sur celle de l'accusée :
– Loin de prévenir la guerre civile, ton projet des *Trois Urnes* la faisait, au contraire, naître au sein de la France.
– Je n'ai travaillé que pour éviter le fléau de la guerre civile.
– Au mépris des lois ! attaqua encore Fouquier. Contre le gouvernement républicain, je dis que l'auteur de cet ouvrage cherchait à armer les citoyens les uns contre les autres.
Une voix s'écria du fond de la salle :
– Olympe de Gouges, que réponds-tu à ceux qui te reprochent ta participation aux affaires publiques ?

Olympe ne se laissa pas démonter ; elle savait que le Tribunal la jetait en pâture à la rumeur et que c'était précisément le but visé par l'intelligence froide et calculatrice de ses juges : ne pas créer le martyr et la faire passer pour une autre Corday, une folle de plus.

– Je n'ai point, comme Jeanne d'Arc, à redouter la sainte grillade.

Un éclat de rire général explosa, une pluie de rires qui apaisa la tension de l'orage. Mais une autre voix attaqua immédiatement :

– Un critique a écrit : il faut de la barbe au menton pour faire un bon ouvrage dramatique.

– Et moi je dis, rétorqua Olympe : il faut une femme pour faire un homme comme vous, les beaux-arts n'ont pas de sexe.

– Il vaudrait mieux que tu fasses l'amour plutôt que des livres.

– J'aimerais bien vous croire... si vous êtes en mesure de me persuader. Je sais, je me suis immiscée dans la grande Révolution des hommes, c'est ce qu'ils ne supportent pas !

La salle se tut ; Olympe avait gagné quelque chose, elle le savait. Fouquier-Tinville s'agitait, le président du Tribunal Herman l'appela et lui glissa un mot à l'oreille en même temps qu'un pli dans la main. Fouquier esquissa un sourire à la lecture du billet et reprit :

– La police a saisi ce document chez toi. Reconnais-tu cette écriture ?

– C'est la mienne, assura Olympe sans se troubler.

– Peux-tu en lire le contenu au Tribunal révolutionnaire ?

– Volontiers...

Elle lut la lettre :

– "Je te plains, Robespierre, et je t'abhorre... (...) Moi, Olympe de Gouges, plus homme que femme, je te demande : tu donnerais ta vie, dis-tu, pour concourir à la gloire et au bonheur de notre patrie ? Je te propose donc de prendre avec moi un bain dans la Seine ; mais pour te laver entièrement des taches dont tu t'es couvert, nous attacherons des boulets à nos pieds, et nous nous précipiterons ensemble dans les flots. Ta mort calmera les esprits. (...) Voilà le courage de ces grands caractères que tu peins toi-même, et que tu ne connus jamais. Tu dis : « On peut outrager les vertus, mais leur mémoire vivra toujours. » Tu as raison. Je te réponds : « Les petits factieux passent, les grands caractères restent. »"

Un silence de mort planait sur l'assemblée, Fouquier avait un petit sourire satisfait en coin.
– Tu as bien écrit ce texte à Robespierre ?
– Oui, dit Olympe.
– Tu es décidément le bourreau de tes jours.
– Je suis femme, je crains la mort, je redoute votre supplice, mais je n'ai point d'aveux à faire : mourir pour accomplir son devoir, c'est prolonger sa maternité au-delà du tombeau.

Les jurés sortirent pour délibérer. Olympe restait assise, vidée ; plus l'ombre d'un mot. Elle s'assoupit un instant. Pourtant la pensée de son fils l'éveilla. Je dois lui écrire, pensa-t-elle. Il faut encore que je trouve la force de cette dernière lettre.

Les jurés revinrent. Le président prit connaissance de leur décision, lut la sentence et la donna à Fouquier-Tinville qui la lut à voix haute :

– "Pour avoir méchamment et à dessein composé des écrits attentatoires à la souveraineté du peuple, pour avoir fait imprimer et publier un ouvrage tendant à ces buts, intitulé *Les Trois Urnes ou le Salut de la patrie*, pour avoir dans d'autres ouvrages, notamment celui intitulé *Olympe de Gouges au Tribunal révolutionnaire*, cherché à avilir les autorités constituées, calomnié les amis du peuple dans *Robespierre, par un animal amphibie*, le Tribunal, d'après la déclaration unanime du jury, condamne ladite Olympe de Gouges, veuve Aubry, à la peine de mort."

Un long silence se fit sur la salle du Tribunal. Olympe resta immobile face aux visages de ses juges. Elle ressentit juste un engourdissement, une chaleur qui lui prenait le front et les yeux, une seule idée l'animait encore, son fils...

11

Jusqu'au bout

Combien mesure ma prison ? Des toiles d'araignées pour horizon et ce petit soupirail. Une tombe avant l'heure. Les murs recouverts de traces, derniers messages laissés aux vivants. Mourir ressemble un peu à une naissance, nous sommes nus sans défense quand nous venons au monde. Décapitant, ils croient mettre au monde en extirpant la tête du corps, ils expulsent le nouveau-né et miment la naissance, le sang gicle, la tête sort, encore un effort poussez, là, voilà, il vient, bravo... C'est une fille, oh dommage. Même effroi : naissance ou guillotine.

Louis-Sébastien Mercier, prononcer ton nom me rend forte. Mon tendre amour, où es-tu ? Pourvu qu'ils ne te fassent pas de mal.

Tout à coup les cris d'un homme qui va à la charrette la saisissent d'effroi : "Robespierre, Saint-Just, bourreaux de la République ! Vous finirez par vous couper la tête tout seuls."

Combien de temps me reste-t-il ? se demande Olympe. Est-ce que je saurai mourir, est-ce que ça fait mal ? Boire. Il faut boire.

J'imagine la tête de Méduse traînée partout par Persée pour épouvanter les guerriers. Persée est descendu aux Enfers, chaussé des sandales ailées d'Hermès et armé du bouclier d'Athéna. Il s'est approché de la Gorgone qui transforme tous ceux qui la regardent en statue de pierre. On l'appelle aussi Méduse... Je voudrais être Persée devant la guillotine, saisir le reflet du monstre dans le miroir de mon bouclier et lui trancher la tête sans avoir à le regarder dans les yeux. Le monde entier me semble devenu de pierre, lourd, blessant, figé dans son élan, il me pétrifie. Et cette foule obscène, cette boucherie déguisée en Tribunal, la peur qui ronge.

Je veux revoir mon fils. Je veux le serrer dans mes bras et sentir une dernière fois sa joue, sa peau contre ma bouche. Pourquoi n'est-il pas venu me rendre visite ?

Je cherche toutes ces femmes qui ont fait la Révolution. Et leurs droits ? Évanouis entre-temps.

Elle se jette vers la porte et crie :

– Où sont-elles passées, celles qui marchaient sur Versailles et celles qui ramenaient le roi à Paris ? Je cherche ces femmes qui prenaient la Bastille ! Où sont-elles aujourd'hui ?

La porte gémit et s'ouvre. Un prêtre habillé en civil lui demande si elle veut qu'il l'accompagne, elle le rejette d'un geste de la main. Deux hommes entrent, l'un porte le bandeau tricolore autour de la taille et arbore une mine fière et austère. Un gendarme les accompagne.

– C'est l'heure, citoyenne Gouze, lance-t-il.
L'autre homme s'approche pour lui nouer les mains derrière le dos. Elle proteste :
– Laisse-moi les mains libres.
– C'est la loi.
Il lui attache les bras.
– Citoyenne ! dit l'homme, nous allons te lire ta sentence.
Il lève le papier, le tient à hauteur de regard :
– "Pour avoir méchamment et à dessein composé des écrits..."
La voix de l'homme s'estompe, ne reste que le ronronnement ennuyeux de sa lecture. Olympe, elle, n'entend plus que les mots de la séparation ; ceux de la lettre écrite cette nuit lui reviennent en mémoire :
"Adieu mon fils, demain ma tête sera coupée, reproduisant ainsi la bonne vieille tradition qui court dans toute l'histoire de la pensée et sépare l'âme du corps, l'intelligence de la chair. En me tranchant la tête ils croient couper la

mauvaise herbe et me faire taire mais c'est trop tard. La force de ma pensée, c'est qu'elle s'est enracinée dans le terreau de siècles d'injustices, nul ne peut désormais l'arracher de cette terre. Quelque chose est en marche que nul ne peut arrêter. La nature donne aux femmes le privilège de « pouvoir » mettre au monde des hommes, c'est ce « pouvoir » qu'ils pensent contrôler, et leur terreur qu'il leur faut maîtriser. Adieu mon fils, je ne serai plus quand tu recevras cette lettre. Demain, je vais mourir. J'ai eu peur pour mes parents, peur pour toi, mon enfant, pour d'autres, mais moi, j'ai dû me croire immortelle... Et jusqu'en cette seconde encore, j'ai du mal à me rendre compte. Je ne veux pas trop y penser d'ailleurs. Je fais juste le vœu de ne pas pleurer, de ne pas leur offrir une seule larme. La peur me coupe les jambes. Il faut que je respire. Respirer fort. Ne pas laisser l'effroi remonter tout d'un coup et me pétrifier avant l'heure.

Il faut aimer la fin jusqu'au bout, autant que la vie elle-même. Aimer les adieux comme les bonjours. Je n'ai jamais su dire au revoir comme il faut... Mon Dieu, qu'il est déchirant de quitter le monde pour toujours. Je lègue mon cœur à la patrie, ma probité aux hommes, ils en ont besoin. Mon âme aux femmes, mon désintéressement aux ambitieux, ma philosophie aux persécutés, ma religion aux athées, ma gaieté franche aux ennuyeux. Et tous les débris d'une fortune honnête iront à mon héritier, à mon fils, au citoyen de Gouges, officier général dans l'armée du Rhin.
Adieu mon fils, je ne serai plus quand tu recevras cette lettre, mon cher fils, je meurs innocente."
Olympe entend à nouveau la voix sentencieuse qui poursuit sa lecture :
– "... Le Tribunal condamne la citoyenne Olympe de Gouges, veuve Aubry, à la peine de mort."

Ils sortent de la cellule, s'enfoncent dans le couloir. Ses pas résonnent, ses poignets la blessent, le trousseau de clés tinte à la main du geôlier. Bientôt le silence se répand comme une nappe de ténèbres qui engloutit toutes ses forces. Elle se réfugie ailleurs. Quitte son corps. Leur abandonne cette carcasse effrayée. Ses deux jambes avancent maintenant toutes seules sur le pavé de la cour, la hissent sur les planches, montent la lourde masse d'effroi sur la charrette, et continuent machinalement le chemin vers l'échafaud. Sa tête se tourne. Son regard roule autour d'elle, balaie rue, fenêtres, portes. Les roues cognent sur la pierre, se prennent dans la boue de la route irrégulière, secoucnt la charrette.

Olympe s'étonne : on dit que lorsqu'on va mourir on voit défiler toute sa vie. C'est plus que ça. Bien plus fort que des images. C'est un paysage infini, une vague qui vous submerge tout entière. Un ciel immense qui vous ouvre le cœur et la mémoire, c'est la sieste à l'ombre des feuilles du grand platane, le soleil qui perce par endroits entre les branches et vous aveugle, le bain lorsque j'étais petite, les fous rires volés, les chuchotements interdits, la colline que je dévale, la voix de ma mère qui sent le thym, le parfum du mimosa, l'odeur du chèvrefeuille coincé sous les volets, le rose tyrien du bougainvillier dévorant le mur blanc, le feu dans les yeux de ces hommes, le serment du Jeu de paume, exaltés, profonds, audacieux, prêts à tout, le velours vert de ma première robe, prêts à tous les sacrifices, à tous les courages, les mains ridées de ma grand-mère qui dansent quand elle me parle, les noisettes qui craquent, les ailes brisées de ma mère dans la longue allée de l'hôpital, le clavecin de mon père, prêts à tout pour les droits de l'homme, ma déception, ma gratitude pour chaque seconde de vie, mon fils, le tourbillon de neige, les flocons à la lueur d'une bougie, nos deux voix, ton visage d'homme et cet amour qui enflamme tout, brûle la foule qui me bouscule, m'entraîne, m'insulte, un incendie qui jaunit la place de la Révolution, 3 novembre 1793, cet amour flambe, emporte tout, défigure ces inconnus grimaçants venus assister à mon exécution, pour voir tomber une tête, mes pas qui gravissent une à une les marches mouillées, le bois du petit escalier, on dirait un bruit de sabots, ils crient : "À mort ! À mort !"

Une femme hurle plus fort, sa bouche se tord, elle crie "À mort" comme si elle disait "À table", elle veut que ça gicle, je relève la tête. Haute cette lame, peuple qui attend qu'on lui jette en pâture son bout de viande, qui attend la tête de Méduse, brandie à la foule par les cheveux. Ma vie, la lueur de ton regard, toi, qui es là, adieu mon amour de papier, mon voyageur que j'aime, au revoir ma plus belle surprise, ma révolte est intacte, mon désespoir immense,

mon espoir plus grand encore, jamais vous ne me ferez taire, laisse-moi, pauvre bourreau, je n'ai besoin de personne, il faut parfois aller chez les morts pour chercher des nouvelles des vivants, je vous en donnerai, moribonds, est-ce qu'on m'oubliera ?
Elle s'entend crier : “Enfants de la patrie, vous vengerez ma mort.” Est-ce que... tout va vite, très vite maintenant, s'accélère, libère-moi les mains, je t'en prie. Si seulement on pouvait m'aider, je regarderais le monde dans le reflet du bouclier d'Hermès, pas si vite, attends, bourreau, laisse-moi, un dernier regard, dans l'aube de ces yeux d'enfants, là, ce petit garçon au premier rang que ses parents ont emmené au spectacle, il doit avoir quatre ans pas plus, il est beau, je vais plonger mes yeux dans les siens, les femmes ont le droit de monter à l'échafaud, elles doivent avoir celui de monter à la tribune, froid, plonger dans ces petites boules bleues écarquillées qui me regardent, avec innocence,

et me tenir là, en paix, enfin ! Bon Dieu de foutue paix tant cherchée ! Je me penche, dans le silence, marche le matin, sur la neige tombée dans la nuit, émerveillée, mes pas s'enfoncent, craquent, mes empreintes courent et se jettent vers la porte, c'est le premier matin du monde, tout est silence, tout est blanc, immobile, et cette sensation, c'est quoi ? Peur ? Joie ? Ce que je sens, chaud, clair, c'est quoi ? Ou plutôt, c'est cette joie, un amour en moi et ce silence-là quand le monde est tout blanc.

EUX AUSSI, ILS ONT DIT NON

La discrimination des sexes est aujourd'hui en recul, mais elle reste à l'œuvre dans de nombreux pays.
En 1789, contrairement aux espoirs qu'avait fait naître le grand mouvement des Lumières, la *Déclaration des droits de l'homme* ne pense pas à la femme qui reste illégitime et privée de droit de cité. Les femmes auront beau participer activement aux différents événements ou combats, elles sont renvoyées à la maison, à la sphère privée, dite domestique. Elles ne siègent pas dans les assemblées et sont exclues de la scène politique et de l'espace public. Malgré la *Déclaration des droits de la femme* écrite par Olympe de Gouges en 1791, les femmes ne seront toujours pas considérées comme citoyennes. Pire, elles verront naître de la République une loi qui leur interdira de participer à des réunions publiques de plus de trois à cinq personnes ou à des associations politiques.

Plus tard, le Code civil de Napoléon accentuera considérablement ces inégalités et parachèvera l'exclusion des femmes du droit de cité. L'empereur affirmera que la femme est la propriété des hommes, comme l'arbre à fruit est celle du jardinier.

La femme est considérée comme intellectuellement inférieure. Au début du XXe siècle, au Royaume-Uni, les suffragettes vont bouleverser l'ordre des choses. Suffragettes, c'est le nom donné à ces femmes qui revendiquaient l'élargissement du droit de vote aux... femmes. Le mouvement, né en 1865, prit une forme militante active entre 1903 et 1917. Et en 1918, les Britanniques obtinrent le droit de vote à partir de trente ans. L'égalité fut établie dix ans plus tard : en 1928, les femmes furent autorisées à voter dès vingt et un ans. Le Royaume-Uni fut le huitième pays à avoir donné le droit de vote aux femmes. Le premier fut la Nouvelle-Zélande (1893). Ce fut ensuite au tour de l'Australie (1902) et de la Finlande (1906). Les États-Unis, sur le plan fédéral, l'adoptent en 1919. En France, les femmes n'eurent ce droit qu'en 1944, à la fin de la Seconde Guerre mondiale.

L'histoire des droits des femmes est donc toute récente en France : il faut attendre 1946 pour qu'il y ait une inscription constitutionnelle de l'égalité entre les sexes, et le droit de vote et d'éligibilité. Les avancées dans les droits des femmes sont très lentes. C'est en 1965 que la femme mariée obtient une capacité juridique en France ; elle peut enfin exercer une activité professionnelle sans l'autorisation de son mari. En 1970, la notion de chef de famille disparaît.

FIGURES DU COMBAT DES FEMMES

Initié par Olympe de Gouges, le combat des femmes à travers le monde sera marqué par des figures éminentes. En France, l'une des pionnières sera Simone de Beauvoir. En 1949, elle publie *Le Deuxième Sexe* ; l'ouvrage provoque une prise de conscience qui mettra du temps avant d'être suivie d'effets, malgré l'action des mouvements féministes.

C'est dans les années 1960 que ces mouvements prennent toute leur ampleur. Le premier centre de Planning familial (pour les droits à la contraception et à l'avortement) s'ouvre à Grenoble. Des femmes comme Adrienne Naquet et bien d'autres fondatrices sont arrêtées et emmenées au poste de police comme des criminelles. Une fois là-bas, on les laisse debout durant des heures en leur montrant des fœtus dans du chloroforme... L'une d'elles, la plus âgée, Adrienne, ancienne résistante, leur dit doucement avec le sourire aux lèvres : "C'est drôle, quand les Allemands m'ont arrêtée, ils ont fait la même chose que vous..." Elle obtiendra une chaise après des heures d'attente. Il faudra encore attendre 1967 pour l'autorisation de la contraception, 1975 pour le droit à l'avortement, après une lutte quotidienne des femmes et des mouvements associatifs.
Benoîte Groult est l'une de ces grandes figures du combat contre la discrimination en matière politique ou

sociale. Sa vie et son œuvre font d'elle un témoin privilégié des bouleversements sociaux qui ont marqué le siècle dans les rapports entre hommes et femmes. Elle a écrit une belle introduction aux œuvres d'Olympe de Gouges aux éditions Mercure de France. Benoîte Groult entre au journal de la Radiodiffusion française à la Libération et y reste jusqu'en 1953. Elle est l'auteure de plusieurs best-sellers : *La Part des choses*, *Les Vaisseaux du cœur*. En 1978, elle fonde un mensuel féministe avec Claude Servan-Schreiber : *F Magazine*. De 1984 à 1986, elle assure la présidence de la Commission de terminologie pour la féminisation des noms de métiers, de grades et de fonctions, fondée par Yvette Roudy, alors ministre des Droits de la femme. C'est grâce à cette commission que l'on dit désormais "une auteure" ou bien "madame la ministre", et non plus "madame le ministre"...

Mais les conquêtes restent fragiles. Plusieurs textes de loi récents ont tenté de favoriser la place des femmes dans la vie politique, contraignant les partis à une véritable parité hommes/femmes. Aujourd'hui encore, cette parité (la loi sur la représentation politique des femmes) est loin d'être appliquée en France. Malgré la loi, à l'Assemblée nationale, sur les 577 députés, on ne compte que 107 femmes, soit 18,54 % des sièges. On est loin des 50 % exigés par la législation ! Les chiffres sont tout aussi consternants dans le monde du travail ; ceux des salaires sont révélateurs : 80 % des Français qui gagnent moins que le Smic sont des femmes. Il existe bien sûr des avancées réelles. Les femmes constituent maintenant une grande part de la population active, mais ce progrès ne doit pas dissimuler les inégalités flagrantes qui persistent dans les entreprises. Dans les différents métiers, rares sont les femmes qui occupent des postes de responsabilité à haut niveau. Les femmes aujourd'hui accèdent à tous les métiers, mais occupent, pour la plupart, des postes sous-qualifiés et sont mal rémunérées : pour le même emploi et le même horaire, le salaire est de 30 % inférieur par rapport à celui d'un homme. Ce sont elles également qui se voient contraintes à accepter des emplois à temps partiel.

Les femmes restent souvent, aussi, victimes de harcèlement sexuel dans le cadre professionnel. Dans les entretiens d'embauche, la perspective d'une maternité est souvent un élément négatif, facteur de discrimination ; lors des départs en congé maternité, la situation des salariées se voit fragilisée. À l'échelle planétaire, les femmes sont plus touchées par le chômage que les hommes. Selon l'Unesco, le taux de chômage des femmes se situe à 6,4 %, contre 5,7 % chez les hommes. Selon le rapport Envef (enquête pour le secrétariat aux Droits des femmes, 1999), une femme sur dix subit des violences, et ce dans tous les milieux culturels, sociaux, religieux ou laïcs. La violence envers la femme est malheureusement un fait universel qui reste un défi pour toutes les sociétés. Les viols ne sont pas réservés aux seules banlieues ou aux milieux défavorisés.

Plus près de nous, une autre figure symbolise le combat des filles : Samira Bellil. En 2002, confrontée à certains problèmes en banlieue, j'ai rencontré Samira Bellil ; nous avons travaillé un an ensemble. Je devais écrire un texte sur les viols collectifs et elle a collaboré à ce travail... Samira Bellil avait affronté cet "enfer des tournantes" ; elle avait eu le courage de rompre la loi du silence et de raconter son chemin dans un livre. Elle était devenue éducatrice et aidait d'autres jeunes filles à s'en sortir, à savoir dire non.

Ce jour-là, elle arrive dans un petit café de la place de la Sorbonne où nous avions rendez-vous. Elle est lumineuse, d'une grande beauté. Au début, elle reste à distance et silencieuse, elle écoute vraiment. Je lui parle de ma façon d'aborder notre projet. Sa voix est posée, grave : "Il faut savoir que, dans certaines affaires, les violeurs sont dehors au bout de cinq mois, et pendant l'instruction, ce qui veut dire que la jeune fille doit se cacher. Il faudrait mettre en place des structures qui aideraient ces jeunes filles. Pour l'instant, il n'y a rien."

Samira est morte à trente ans, en 2004, fauchée par la maladie en plein élan d'une vie reconstruite, pleine de projets. Belle, libre, courageuse. Elle allait témoigner, et lutter aussi contre ce qu'elle appelait la "justice des pauvres".

Partout les droits récemment acquis et les conquêtes sont encore remis en cause. En effet, dans de nombreux pays, les droits élémentaires – droits politiques, droits de s'éduquer, d'aller à l'école, droit à la santé, de disposer de son corps – sont bafoués. Les femmes continuent à être mariées de force. La naissance d'une fille est considérée comme une calamité dans certaines cultures, en Inde par exemple. Mais la lutte porte ses fruits.

Sampat Pal Devi est l'une de ces femmes au combat exemplaire. À quarante-sept ans, Sampat Pal Devi et son Gulabi Gang défendent sans relâche les laissés-pour-compte de la société indienne, et particulièrement les femmes. Issue d'une famille de paysans de la basse caste des *gadarias* (les gardiens des troupeaux), elle s'est rebellée contre les hommes qui, dans sa région très pauvre de l'Uttar Pradesh, en Inde, battent les femmes, les épousent à douze ans et les écrasent. Dans ce pays où l'administration est toute-puissante, elle organise la rébellion pour le respect et a été rejointe depuis par plus de 3000 femmes. Elle encourage les pauvres, en particulier les femmes, à s'organiser pour faire valoir leurs droits et réclamer justice. En 2005, elle forme le Gulabi Gang, ou “Gang des saris roses”, un groupe de femmes qui organise des opérations coup-de-poing, là où la police et le gouvernement de l’Uttar Pradesh refusent d’intervenir. Armées de bâtons de bambou, elles rétablissent la justice. Fonctionnaires, policiers corrompus, brahmanes qui abusent de leur statut, maris violents : tous cèdent devant Sampat Pal et son gang. Ces femmes n’hésitent pas, par exemple, à frapper un policier qui refuse de prendre une plainte de femme violée ou battue, ou à tirer l’oreille d’un mari. Le Gang des saris roses compte aujourd’hui près de 60 000 femmes dans ses rangs, selon les dires de son chef, et les paysans déshérités les rejoignent.

Bien heureusement donc, les représentations changent. Aujourd’hui, une petite fille peut s’imaginer devenir inspecteur de police, scientifique ou présidente de la République, ou avoir accès à des métiers “d’homme” qui étaient interdits il y a peu. Depuis l’époque d’Olympe de Gouges, les luttes ont apporté des progrès considérables à travers le monde. Certains pays où les femmes ne bénéficiaient d’aucun droit ont modifié le code de la famille et les lois, comme au Maroc ou en Tunisie. Aujourd’hui en Espagne, les femmes sont représentées à parité égale dans les élections et le gouvernement. Récemment, en France, la candidate à la présidence de la République a changé les traditionnels rapports de force du paysage politique.

LES NOUVEAUX ENJEUX POUR L'ÉGALITÉ FEMMES-HOMMES.

Aujourd'hui les lois ont changé. La parité est inscrite dans les tablettes de notre République. Mais comment faire pour que la réalité change aussi, maintenant, concrètement ? Comment faire pour que les mentalités suivent les lois ? Olympe de Gouges serait bien surprise d'apprendre qu'il existe encore de tels écarts de privilèges entre les femmes et les hommes, des siècles après son combat pour les droits des femmes.

Beaucoup d'associations ont compris que la lutte contre la violence faite aux femmes, contre les viols, contre le sexisme ou les discriminations quotidiennes passeront par un nouveau regard : une prévention à l'inégalité. La lutte contre la violence conjugale pour une association comme Du côté des femmes passe par une vision d'ensemble de la place des femmes aujourd'hui. Du côté des femmes axe son action en prenant appui sur des outils comme la culture, l'art, la prévention, la formation, l'apprentissage. Il n'y a pas une case problème "banlieue", une case "égalité", une case "violence" etc. Il s'agit de l'ensemble d'une société qui doit évoluer, se construire avec les femmes et les hommes, changer son regard, éduquer, prévenir la formation des inégalités et des discriminations.

UNE ÉDUCATION AU RESPECT

Donc tout est prioritaire car tout se tient, l'inégalité professionnelle, l'inégalité des salaires, des responsabilités parentales, des tâches domestiques, la double journée pour la femme.

Najat Vallaud-Belkacem, ministre des droits des femmes, part aussi du principe que tout est prioritaire, l'autonomie financière, l'égalité professionnelle, la violence faite aux femme, la lutte pour l'éducation. Elle va puiser dans une tradition de lutte et reconnaît aussi les nouvelles générations qui manifestent autrement leur volonté d'émancipation – elles toutes sont à écouter. Chaque génération doit être entendue, et à sa manière.

Ainsi, Najat Vallaud-Belkacem a mis en place, après une concertation avec beaucoup d'associations de droits des femmes, un ABCD de l'égalité pour inculquer le réflexe du respect, de l'égalité. Il s'agit de ne pas fermer l'horizon de certains métiers car "ils seraient réservés aux garçons", de prévenir dès le plus jeune âge la violence à l'école, qui passe par les gestes autant que par les mots ou les idées reçues. "L'égalité, c'est l'affaire des garçons comme des filles, des hommes comme des femmes" pense notre ministre. "En travaillant ensemble sur certaines idées reçues ou stéréotypes", il faut montrer que cela n'a rien de "naturel" qu'une femme passe l'aspirateur mais que c'est bien un fait "culturel". En luttant contre certaines images véhiculées par les publicités, en apprenant le respect, l'histoire des lois, le monde peut évoluer ! Le sensible et les rôles doivent être répartis de manière équitable, les droits, les devoirs et les inégalités hommes-femmes peuvent changer. Olympe le disait à sa façon... prenons exemple sur elle, son courage et sa gaîté : en accompagnant les nouvelles générations vers une éducation au respect, gageons qu'elles sauront, à leur tour, nous l'enseigner.

POUR ALLER PLUS LOIN

- **Violences :** www.sosfemmes.com
- **Violence info :** www.violenceinfo.com
- **Numéro d'urgence pour les violences conjugales** 3919
- **Fédération nationale Solidarité femmes :**
www.solidaritefemme.org
32-34 rue des Envierges, 75020 Paris
- **Droits :** www.infofemmes.com
- **CNIDFF** (Centre national d'information sur les droits des femmes et des familles) www.infofemmes.com
- **Égalité :** www.social.gouv.fr/femmes
- **Parité :** www.observatoiredelaparite.org
- **AVFT** (Association européenne contre les violences faites aux femmes au travail) www.avft.org
- **Collectif féministe contre le viol :** www.cfcv.asso.fr
- **Service Droits des femmes :**
www.travail-solidarite.gouv.fr/espaces/femmes-egalite/772.html
- **CNDF :** www.collectifdroitsdesfemmes.org
- **Femmes solidaires :** www.femmes-solidaires.org
- **Mouvement français pour le Planning familial :**
www.planning-familial.org
- **WAVE** (Women Against Violence Europe) :
www.wave-network.org
- **Du côté des femmes** www.ducotedesfemmes.asso.fr (Cergy et Sarcelles)

CHRONOLOGIE

• **Le 7 mai 1748 :** Naissance d'Olympe à Montauban, de son vrai nom Marie Gouze. Son père légal est Pierre Gouze et sa mère Anne-Olympe, mais elle est fille illégitime du marquis Jean-Jacques de Pompignan.

• **1765-1766 :** Mariée à Louis-Yves Aubry, elle a un fils de cette union. Comme elle l'écrira, "mariée à un vieillard poudré qui ne tarda pas à mourir (...) le mariage est le tombeau de l'amour et de la confiance."

• **1770 :** Marie Gouze se renomme Olympe de Gouges. Elle rencontre Jacques Biétrix, qui la demande en mariage, mais elle refuse. Ils s'installent à Paris.

• **1774-1788 :** Elle participe à la vie intellectuelle. Autodidacte elle écrit, autoportrait, pièces de théâtre. Dès lors, elle ne cessera d'écrire des pamphlets, essais, articles, programme politique et social, et combattra pour l'égalité homme-femme, pour le droit des déshérités et l'abolition de l'esclavage.

• **1785 :** L'une de ses pièces *Zamore et Mirza ou l'heureux naufrage* est inscrite au répertoire de la Comédie-Française. Elle n'est pas jouée car elle dénonce le système esclavagiste dans les Caraïbes.

• **1788 :** La pièce *Zamore et Mirza ou l'heureux naufrage* est publiée avec son essai *Réflexions sur les hommes nègres.*

• **1789 :** Sa pièce, rebaptisée *L'Esclavage des noirs,* est enfin jouée à la Comédie-Française puis déprogrammée sous les pressions. Elle participe aux états généraux et comme les tribunes ne sont pas autorisées aux femmes, Olympe écrit et affiche ses idées et pamphlets, prenant part au débat de cette manière.

• **1791 :** *Déclaration des droits de la femme et de la citoyenne.* Olympe préconise pour les femmes l'accès à la citoyenneté, aux urnes, aux tribunes, le remplacement du mariage par un contrat, les droits pour les enfants illégitimes.

• **1793 :** Olympe écrit essais, affiches, pamphlets, articles. Elle est arrêtée sur le pont Saint-Michel. Emprisonnée. Elle continue à écrire et à faire afficher ses derniers pamphlets où elle y décrit ses conditions de détention.

• **2 novembre 1793 :** Elle comparaît devant le tribunal révolutionnaire. On lui refuse un avocat. Elle se défend seule. Elle est condamnée à mort pour ses écrits et prises de positions politiques. Et, parce qu'une femme ne se mêle pas des affaires qui ne sont pas réservées à son sexe.

• **3 novembre 1793 :** Olympe monte sur l'échafaud et crie à la foule "Enfants de la Patrie, vous vengerez ma mort." Elle laisse une cinquantaine de pièces et plus de soixante-dix ouvrages.

L'AUTEUR

Femme de théâtre et écrivain, Elsa Solal a souvent abordé les différentes formes de violences et leurs mécanismes à travers l'histoire. Elle a notamment travaillé sur les violences faites aux femmes et leur effacement de la sphère publique et politique. Elle nous livre avec complicité une Olympe de Gouges intense et charnelle.

DU MÊME AUTEUR

- *Non à l'intolérance*, ouvrage collectif, (coll. "Ceux qui ont dit non", Actes Sud junior, 2015).
- *Non à l'indifférence*, ouvrage collectif, (coll. "Ceux qui ont dit non", Actes Sud junior, 2013).
- *Celle qui venait d'ailleurs*, d'après la vie d'Hannah Arendt. L'auteur a reçu le soutien du CNL en 2007 pour l'écriture. (Les Cahiers de L'Égaré, 2012).
- *Non à l'individualisme*, ouvrage collectif, (coll. "Ceux qui ont dit non", Actes Sud junior, 2011).
- *Leonard Peltier : "Non au massacre du peuple indien"* (coll. "Ceux qui ont dit non", Actes Sud junior, 2011).
- *Le Bruit du monde m'est rentré par l'oreille* (L'Harmattan, 2008).
- *Les Gardiens du rêve* (Les Cahiers de l'apostrophe, 2007).
- *Olympe de Gouges* (Lansman, 2007).
- *Fragments d'humanités – Le manifeste des 343 S* (Lansman, 2005).
- *L'Autre Guerre* (Syllepse, 2003).
- *Il était une fois le monde*, avec M. Kacimi (Dapper, 2001).
- *Démons aux Anges* (les Solitaires intempestifs, 2001).

• *Dis la vie comment ça marche* suivi de "*Peurs*" (Les Cahiers de l'Égaré, 1999).

• *Armor* (Lansman, 1996).

Créations radiophoniques :

• *Le Maître du Temps*, réalisation Jean-Matthieu Zahnd, 2010.
• *Méduse ou le visage de la peur*, réalisation Jacques Taroni, 2007.
• *Armor'Kids*, réalisation William Mesguisch, 2005.
• *Le Petit Chaperon rouge et le bon dieu*, réalisation Myron Meerson, 2002.
• *Médée*, réalisation Blandine Masson, 1996.

Scénarios :

TVR production diffusion TF1
• *Pas de noël pour Sarah Lou*, TF1, 1996.
• *La preuve d'amour*, TF1, 1995.
• *Désir*, TF1, 1994.
• *Flamenco rock*, TF1, 1993.
• *Bleu italien*, TF1, 1992.
• *L'Ami*, TF1, 1991.

Reproduit et achevé d'imprimer en octobre 2015 par l'imprimerie Normandie Roto Impression s.a.s. à Lonrai pour le compte des éditions ACTES SUD, Le Méjan, Place Nina-Berberova, 13200 Arles.

Dépôt légal - 1re édition : mai 2014 - N° impr. : 1504777
(Imprimé en France)